Made in the USA
Monee, IL
21 April 2026

48733528R00069